FÜR VERA.

ES IST EINE ALTE FOTOGRAFIE.
EIGENTLICH MÜSSTEN DA NOCH TIC-TACS IN DER TRUHE SEIN.
WER IST DENN DER DICKE MANN DA NEBEN SEBASTIAN?
DAS IST OMA, ALS SIE NOCH HERBERT WAR.
HÄ?

HEIß! DA MUSS ICH DIREKT NOCH EINE WEITERE SCHICHT SONNENCREME AUFTRAGEN.
DARF ICH DAS IN MEINER STORY POSTEN? MEINE FOLLOWER BRENNEN FÜR SO EINE ROMANZE.
DAS IST ZU AUFREIBEND. ICH SCHWITZE WIE EIN SCHWEIN.
TRINK MAL WAS.
ICH MUSS MICH KURZ HINLEGEN.
HIER.
DANKE. DU BIST EIN SCHATZ, MIMI.

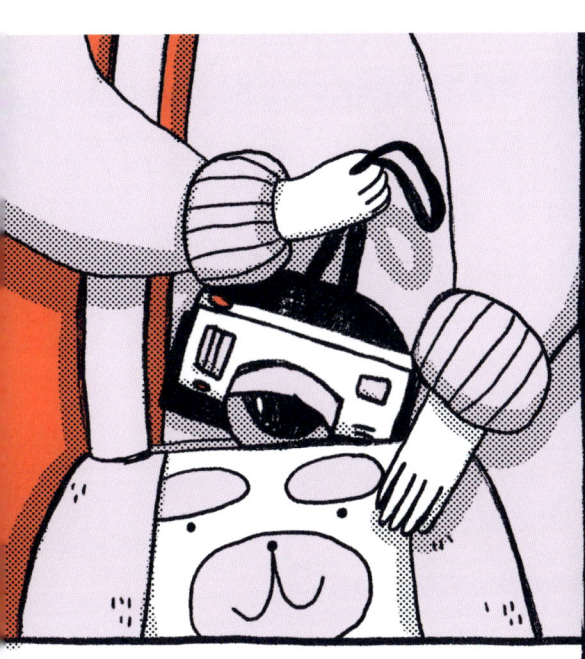

STILL HALTEN.

KLICK

DIESER BRIEFKASTEN IST MAGISCH

MAN WIRFT EINEN BRIEF MIT EINEM FOTO EIN UND DEN SCHICKT MAN DANN AB.

DSCHHHHT

UND DANN HEIßT DAS, DASS MAN FÜR IMMER BEFREUNDET BLEIBT.

UND DAS FUNKTIONIERT?

JA KLAR!

AUSREICHEND FRANKIEREN. IST'N BRIEF MIT GEWICHT.

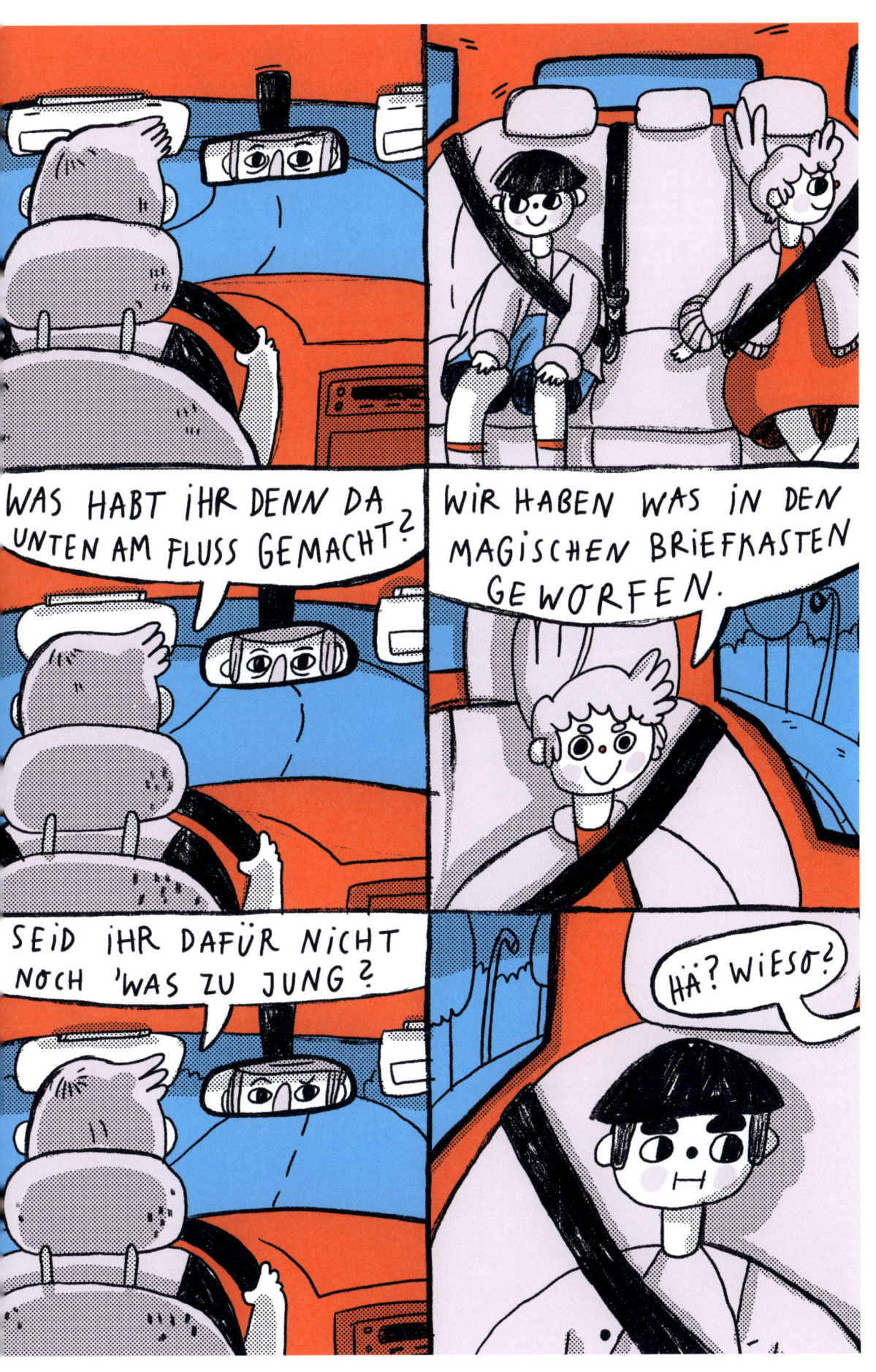

IMPRESSUM:

BILD & TEXT:
MAURIZIO ONANO
WWW.MAURIZIO-ONANO.COM

HERAUSGEBER:
JAJA VERLAG
FEIN ILLUSTRIERTE MACH WERKE
WWW.JAJAVERLAG.COM

2. AUFLAGE
BERLIN, FEBRUAR 2025

DRUCK: KOPA, LITAUEN

©MAURIZIO ONANO & JAJA VERLAG
ISBN 978-3-946642-61-9